EMG3-0123

J-POP
CHORUS PIECE

合唱楽譜＜J-POP＞

合唱で歌いたい！J-POPコーラスピース

混声3部合唱

Hey和

作詞・作曲：北川悠仁　合唱編曲：上西真理

••• **曲目解説** •••

『Hey和』は、ゆずの通算33枚目のシングルで、2011年1月19日に発売されました。「平和」をテーマに、ゆずが自分の心とまっすぐに向き合い、自問自答する感情を歌いあげた楽曲。優しく壮大なイメージの中にも力強さがあり、彼らのまっすぐな想いが伝わってくるメッセージソングです。

••• **演奏のポイント** •••

♪言葉の文節を感じながら歌うとリズムがつかみやすでしょう。

♪AメロやBメロは低い音が続きます。子音をはっきり発音しましょう。

♪Fはｍｐ（メッゾピアノ）ですが弱々しくならないよう、8分音符や16分音符が流れないようしっかり歌いましょう。

【この楽譜は、旧商品『Hey和（混声3部合唱）』（品番：EME-C0028)とアレンジ内容に変更はありません。】

合唱で歌いたい！J-POPコーラス

Hey和

作詞・作曲：北川悠仁　　合唱編曲：上西真理

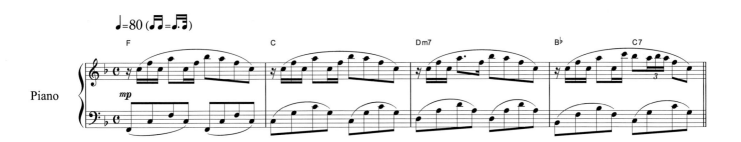

© 2011 by SENHA & SONS/T'S MUSIC PUBLISHING CO., LTD./TOY'S FACTORY MUSIC

Hey和

作詞：北川悠仁

神は僕らの心の中にある
一つ一つの命の中に
耳を澄ませば　聴こえてくるだろう
気付かずにいた生命(いのち)の声を

見上げた夜空に　君を想うよ
体中に感じる温もり
どこにいたって　一人じゃないんだ
深い悲しみに　泪(なみだ)溢れても

wow...
祈るように　今日も唄う

Hey和　この地球(ほし)に生まれ
Hey和　僕らは出逢えた
君の為に何が出来るのだろう
Hey和　絶えない微笑(ほほえ)み
Hey和　喜びの唄を
消せない　明かり　灯し続けてゆく
君がいるから

神は僕らを試し問うのさ
罪を　過ちを　歴史は繰り返す
癒えることなく　残る傷跡
決して忘れずに　僕ら生きる

人は何故にこんなにも苦しみを抱(いだ)き
全てを奪う争いは今もまだ止まない
子供たちの笑い声　未来を写す瞳
重ねた手と手を　かけがえのない日々
愛しい…

どこまで歩けば辿り着けるだろう
終わり　始まりを探し求めて
そっと目を閉じ　問いかけてみるんだ
雲の切れ間から　差し込む光

Hey和　この地球(ほし)に生まれ
Hey和　僕らは出逢えた
君の為に何が出来るのだろう
Hey和　咲く花のように
Hey和　大地は色付く
捨てない　希望　守り続けてゆく
願いを込めて　今　想いは繋がる
いつも　君がいるから

MEMO

MEMO

エレヴァートミュージックエンターテイメントはウィンズスコアが
展開する「合唱楽譜・器楽系楽譜」を中心とした専門レーベルです。

ご注文について

エレヴァートミュージックエンターテイメントの商品は全国の楽器店、ならびに書店にてお求めになれますが、店頭でのご購入が困難な場合、下記PC&モバイルサイト・FAX・電話からのご注文で、直接ご購入が可能です。

◎PCサイト&モバイルサイトでのご注文方法
　http://elevato-music.com
上記のアドレスへアクセスし、WEBショップにてご注文ください。

◎FAXでのご注文方法
　FAX.03-6809-0594
24時間、ご注文を承ります。上記PCサイトよりFAXご注文用紙をダウンロードし、
印刷、ご記入の上ご送信ください。

◎お電話でのご注文方法
　TEL.0120-713-771
営業時間内に電話いただければ、電話にてご注文を承ります。

※この出版物の全部または一部を権利者に無断で複製(コピー)することは、著作権の侵害にあたり、
　著作権法により罰せられます。

※造本には十分注意しておりますが、万一、落丁・乱丁などの不良品がありましたらお取り替えいたします。
　また、ご意見・ご感想もホームページより受け付けておりますので、お気軽にお問い合わせください。